/ Celebraciones en los Estados Unidos

VETERANS DAY
DÍA DE LOS VETERANOS

Connor Dayton Traducción al español: Eduardo Alamán

PowerKiDS
press.

New York

Published in 2012 by The Rosen Publishing Group, Inc.
29 East 21st Street, New York, NY 10010

First Edition

Editor: Jennifer Way   Traducción al español: Eduardo Alamán
Book Design: Julio Gil

Photo Credits: Cover, p. 23 Charlie Schuck/age fotostock; pp. 5, 24 (bottom) Alex Wong/Getty Images; p. 7 JustASC/Shutterstock.com; p. 9 © www.iStockphoto.com/Daniel Bendjy; p. 11 Matthew Peyton/ WireImage for Stellar Productions/Getty Images; p. 13 Hulton Archive/Getty Images; p. 15 Cindy Ord/ Getty Images for USO of Metropolitan New York; pp. 17, 24 (top right) stockstudios/Shutterstock.com; pp. 19, 24 (top left) Mark Crosse/Fresno Bee/MCT via Getty Images; pp. 20–21 Tom Williams/Roll Call/ Getty Images.

Library of Congress Cataloging-in-Publication Data

Dayton, Connor.
  [Veterans Day. Spanish & English]
  Veterans Day = Día de los Veteranos / by Connor Dayton. — 1st ed.
     p. cm. — (American holidays = Celebraciones en los Estados Unidos)
  Includes index.
  ISBN 978-1-4488-6712-7 (library binding)
  1. Veterans Day—Juvenile literature. I. Title. II. Title: Día de los Veteranos.
  D671.D3918 2012
  394.264—dc23
                                       2011027094

Web Sites: Due to the changing nature of Internet links, PowerKids Press has developed an online list of Web sites related to the subject of this book. This site is updated regularly. Please use this link to access the list: www.powerkidslinks.com/amh/veteran/

Manufactured in the United States of America

CPSIA Compliance Information: Batch #WW12PK: For Further Information contact Rosen Publishing, New York, New York at 1-800-237-9932

Contents

Contenido

Veterans Day honors American soldiers.

El Día de los **Veteranos** honra a nuestros soldados.

Soldiers serve in the armed forces. They are the Army, Navy, Air Force, Marine Corps, and Coast Guard.

Los soldados sirven en las fuerzas armadas. Estas son: el Ejército, la Fuerza Aérea, la Armada, la Infantería de Marina y la Guardia Costera.

7

Soldiers serve during war.
They also serve in peacetime.

Los soldados trabajan en
las guerras. Pero también lo
hacen en tiempo de paz.

Veterans Day is November 11.

El Día de los Veteranos es el 11 de noviembre.

Fighting in World War I ended on November 11, 1918.

La Primera Guerra Mundial terminó el 11 de noviembre de 1918.

HOLLAND
IS FULL OF
LIMBURGER
AND BIG CHEES
RAN AWAY

Veterans are proud of their country.

Los veteranos están orgullosos de su país.

Many cities have **parades**. The oldest Veterans Day parade is in Birmingham, Alabama.

Muchas ciudades tienen **desfiles**. El desfile más antiguo del Día de los Veteranos es el de Birmingham, Alabama.

People fly **flags** on Veterans Day.

La gente ondea **banderas** el Día de los Veteranos.

People thank soldiers for serving.

La gente agradece a los soldados por su servicio.

What do you do on
Veterans Day?

¿Cómo celebras el Día de
los Veteranos?

Words to Know / Palabras que debes saber

flag / (la) bandera

parade / (el) desfile

veterans / (los) veteranos